成长的要素

为自己而骄傲

[美]帕米拉·埃斯普兰德　[美]伊丽莎白·弗迪克　著

汪小英　译

河北出版传媒集团　河北少年儿童出版社

前　言

要是有一些方法，教人怎样过上幸福生活，你想不想试一试？

现在你可能已经跃跃欲试了吧？那么这个系列就是为你而准备的。这套书一共八本，名字叫作《成长的要素》。

成长的要素到底指的是什么？

成长要素是你在成长中需要的、对自己的生活有用的东西。这些要素并不是汽车、房子、珠宝等用金钱来衡量的东西。我们说的这些要素，能让你做到最好，成为更好的自己。这些要素既可以是外界的因素，也可以是内在的因素，既可以是其乐融融的家庭环境、治安稳定的住所，也可以是你正直诚实的品格、对学业的信心和计划。

　　这类要素一共有三十九种。这本书讲的是其中四种，我们把这四种要素统称为积极的自我认识要素。什么是积极的自我认识？就是说你相信自己，肯定自己，对自己有正确的认识。

积极的自我认识要素

名称	解释
控制力	有一定能力去控制生活中发生的事情。
自尊心	认可自己，尊重自己，为自己感到骄傲。
价值感	会思考生活的意义、生命的价值，为未来定下目标。
正能量	对自己的现在和未来充满希望。

你的生活要有目标，虽然你偶尔会感到迷茫。你在大部分时间应该对自己感到满意，即使在困境里也心怀希望。虽然你还是个孩子，但是在决定生活中的事情时，你要明白你有发言权。你时刻憧憬着未来，朝着你的目标要坚定不移地前进。

这套书其余的七本，讲了另外三十五种要素。三十五种要素不算少，你不用一下子就都了解，也不必按固定的顺序来掌握。不过，越早掌握，你的收获就越大。

这些要素为什么很重要？

美国有一家叫作"探索研究院"的机构对几十万美国青少年进行了深入的跟踪调查。研究者发现：有些孩子成长得非常顺利，有些则

不然；有些孩子成了"坏男孩""问题少女"，
有些却没有。

　　是什么原因让他们如此不同呢？原来，是
这些成长要素！具备这些要素的孩子就可能成
功，不具备这些要素的孩子往往很难获得成功。

　　你也许会觉得：我还是个孩子，非要学会
这些要素不可吗？孩子也有选择的权利。你可
以选择被动地让别人来帮你，也可以选择主动
地采取行动，或者寻找关心你、愿意帮助你的
人，帮助你获得这些要素。

这本书里有很多
地方需要你与他人配
合。这些人除了爸爸
妈妈、兄弟姐妹、爷
爷奶奶等与你亲近的

人，还包括与你同龄的同学、朋友和邻居，除此之外还有老师和辅导员等成年人。他们都会乐于帮助你，和你一起努力，争取让你早日获得这些要素。

很可能已经有人在帮助你了，比如，你拿到的这本书就是他们给的吧？

如何阅读本书

选择一种要素开始读，从某个章节开始的故事读起，一直看到结尾，这些故事解释了日常生活里的成长要素是什么。随便选一种要素，试着做一做，看看效果如何。读完一章，再选一章接着往下读。

你不必要求完美，做得和书中一丝不差。你要明白，你是在迎接新的挑战，在做一件了不起的事情！

你获得的要素越多，你对自己就越感到满意，越感到有信心。眼看你就不再是个孩子，要进入青少年阶段了。学会了这些要素，你感到很有把握，不气馁，你会做出更好的选择。你已经航行在一片充满挑战的大海上。

翻开这本书，你已经踏上探索学习这些要素的路，我们祝你一路顺风！

帕米拉·埃斯普兰德

伊丽莎白·弗迪克

目 录

控 制 力

有一定能力去控制生活中发生的事情。

坚定的丹尼（上）

一群少年来到草地上。有个男生喊："谁想踢球？"他又高又壮，一看就是个运动健将。他叫杰克，是个足球高手。大家都聚拢来，杰克当即决定自己当一方的队长，并任命凯西当另一方的队长。

丹尼模仿着解说员的口气，小声对朋友阿曼达说："杰克队长是否能带领队伍成功卫冕呢？"阿曼达笑了笑。

1

杰克和凯西开始挑人组队，他们不是挑球踢得好的，就是挑跟自己要好的伙伴。丹尼等啊等，直到周围的人都有了"归宿"，他和阿曼达被剩下了。

　　当凯西准备给队员分配位置的时候，凯西走过来挑走了阿曼达。

　　丹尼看到阿曼达眼里流露出了不满，他知道阿曼达不喜欢这种挑人组队的方式，平时他们都是通过抛硬币分队的。他向阿曼达挤挤眼睛，把阿曼达逗乐了。

　　丹尼想："不就是组个队吗？为什么要弄得跟踢世界杯一样？让大家绷着一根弦站在那里，都不敢抬头看别人。"

　　杰克这时才注意到了丹尼正直勾勾地盯着他。丹尼朝他大喊："算上我吧！"

杰克说："好，算上你。"

没等丹尼跑去和其他队员汇合，杰克就把他拉到一旁，说："你球踢得还说得过去，但你就是跑得慢。待会儿你别往前面冲，注意防守，拿到球就传给我。"

杰克的话传到了阿曼达耳朵里。她悄声安慰丹尼："别介意，别听他的。"

丹尼说："没事，我才不会听他的呢。"

丹尼知道自己长得不高，还有点儿胖，好多同学给他起外号，叫他"小胖"。尽管如此，阿曼达还是把他当作好朋友。他一直觉得阿曼达是学校里最聪明、最活泼的女生，所以他不会让杰克的话影响自己踢球。

即使被别人为难，丹尼的心态还是很好，控制力这个要素使他坚定，使他有力量。

现在想想你自己的经历。你认为你能控制身边的事情或对它产生好的影响吗？

如果回答是肯定的，那么你是一个有控制力的人，请你继续读下去，学习如何巩固这种要素，把它发扬光大。

如果回答是否定的，也请你继续读下去，学习如何获得这种能力。

你也可以用这些方法来帮助他人获得这种能力，比如你的家人、朋友、邻居和学校里的同学。

◀ 如何获得这种要素 ▶

在 家 里

看到事物光明的一面

看一眼右边的图片，你看到了什么？杯子里还有半杯水，还是只剩下半杯水？

5

这是一个心理小测试，看看你是个乐观的人还是悲观的人。乐观的人看到杯子里还有半杯水，悲观的人看到杯子里只剩下半杯水。乐观的人往往会看到事物光明的一面，认为事情会变得更好，悲观的人总是把事情往坏处想。保持乐观对你的身心都有好处。为什么不尝试一下，做一个积极乐观的人呢？从今天开始努力成为一个乐观主义者，将乐观的心态保持下去吧。遇事多笑一笑，把未来想得好一点儿，努力做到最好。许下一个心愿，并期待梦想成真。

> **小提示：** 积极的态度是培养控制力的关键。

改变内心的声音

你对自己说的话既可能让你失去自信，也能增强你的信心。注意留心倾听你内心的声音，那些只有你自己能听见的声音。它是不是对你说过："我什么都做不好""我真笨""我是个失败者"。这样的话会削弱你的力量，让你失去控制力。怎么办？你可以改变你内心的声音，让它这样说"我是最棒的""我自己选择""我喜欢我自己"。

小提示：想象你的脑子里有一台开着的收音机。当收音机播放的歌曲或节目让你的心情低落时，你完全可以换台。

心情糟糕时，试试对自己说这五句话

1. 这其实没什么。

2. 我还可以再试试。

3. 这件事难不倒我。

4. 明天会有转机。

5. 我不会放弃。

培养技能

乐观的心态有助于提高你的控制力。可光有这点还不够，你还需要学习一些技能。你可以在学习上下苦功，可以在运动方面下苦功，也可以参加新的活动，培养新的爱好，多读好书，多交朋友。你的能力越强，你的控制力就越大。你准备好了吗？想开始实践了吗？在日记里写下你想学会的一项技能，在计划表上留出时间，从现在开始培养这项能力吧。

强健体魄

　　身体健康强壮，精力充沛，也能够增加你的控制力。每天做些运动，吃有营养的食物，保证充足的睡眠。

培养责任心

如果你希望更好地把握自己的人生，那就增强你的责任感。主动打扫自己的房间，不要等到别人催促你。不要等着别人提醒你写作业。主动帮家人做一两件家务事。遵守对家人的承诺。你的责任心越强，人们就越相信你会做出正确的决定，而你的控制力也会更强。

四种提高控制力的方法

1. 知道自己的价值。你的价值当然不能用金钱来衡量。你是一个独一无二的人。你的家庭、你的学校、你的社区因为有了你而不同。你与别人不一样，千万不要忘记这一点。

2. 明确自己的价值观。你有自己的价值观，你的家人也有他们的价值观。你的价值观像一座灯塔一样，引导你的行为和选择。你的价值观给了你内在的力量。找个时间和爸爸妈妈讨论一下，什么样的价值观有助于增强你个人以及你的家庭的控制力。

3. 了解你的权利。作为个人，你有权利表达自己的想法、意见和感受，自己独立作决定。一旦你知道了自己的权利，你就会好好维护它，而这样做也会提高你的控制力。

4. 明白你的使命。你知道你来到这个世界上是有使命的吗？你相信你能凭你个人的力量让世界变得更好吗？请翻到第53页，了解"价值感"这一要素吧。

知识就是力量

努力学习、认真学习，争取学到更多的知识。上学就是为了学习，难道不是吗？知识就是力量！如果你在学习上遇到困难，没办法集中注意力，完不成任务，可以找老师或心理辅导员谈谈，请他们帮助你。

了解并遵守校规

不了解校规就有可能违规，冒这样的风险真是不值得。大多数学校有校规手册。翻阅一下你们学校的校规手册，你就知道怎样遵守它们了。

和平解决冲突

如果你在学校和同学闹矛盾了，尝试用和平的方式解决。说出你的观点，倾听对方的意见。不要动手，也不要大声嚷嚷，和平才是力量！如果你解决不了，可以请老师过来解决。

做出改变

加入学校的助人为乐小组。要是学校里没有这样的组织，你可以提出申请，创办一个。想一想，都有什么人需要帮助，你可以为他们做些什么。帮助无家可归者找到住所，帮助老人提东西上楼。找到志同道合的同学，再找一位支持你们做这件事的老师。

微笑的力量

温暖的笑容能照亮身边的人。如果你是一个友善、乐观的人，大家都会愿意和你在一起。试试早上乘公交车时面带微笑，走进教室的时候对同学微笑，在食堂用餐时对别人微笑。看看微笑会带来什么样的惊喜。

在 社 区

向伟人学习

去图书馆看看。请图书管理员帮你找一些讲述伟人们如何面对困境的书，你能从中学到很多。

激励比你小的孩子

激励比你小的孩子，在他们有困难的时候帮助他们，为他们做榜样。信任他们，鼓励他们，告诉他们你相信他们是最棒的。

关注生活环境

多关注你的社区，看看是不是有人在墙上乱涂乱画，是不是有人在乱扔垃圾，告诉爸爸妈妈或其他大人。思考一下，怎样做才能改善社区的生活环境。

和朋友在一起

接受夸奖

有人夸奖你时，不妨大大方方地接受。如果朋友夸你做得真棒，别回答说："哎呀，其实没什么呀"如果你做得确实很不错，应当说："谢谢"。

互相鼓励

真正的好朋友会互相鼓励，帮助对方增强自信，提高各自的控制力。真正的好朋友不论在什么情况下都会做彼此坚强的后盾。想想你的朋友们，他们是这样的吗？真正的朋友不会在你遇到困难时消失，你要多和会互相鼓励的朋友在一起。

坦诚相待

如果你的朋友做了冒失的事，或是你认为不对的事，不要任由他们胡来，而是要告诉他们你的想法和看法。你要有判断对错的能力，不要欺骗自己和朋友。

悄 悄 话

担忧和害怕会大大消耗你的控制力。人人都会有担忧和害怕的时候，可是不能长期处于这种情绪中。来列一个"恐惧清单"吧。你害怕打雷、害怕蜘蛛、害怕黑暗？担心下一次数学测验？担心搬家后的陌生环境？把这个清单拿给你信任的一位成年人——爸爸、妈妈或是家里的其他大人，也可以是你的老师、心理辅导员，和他们聊一聊，他们也许可以帮助你克服这些担忧和恐惧。你也可以阅读相关的图书，了解这些情绪产生的原因。

选一种前面读过的方法，试一试，之后回想一下，或者写下过程。为了提高自己的控制力，更好地把握发生在身边的事情，你还愿意试试其他的办法吗？

坚定的丹尼（下）

比赛进行得如火如荼。下半场开始的时候，比分是二比二，平局。丹尼看得出杰克非常着急，他很想抓紧时间射门得分，赢得比赛。

杰克的球队开始反击了。他们很快攻到对方球门附近，防守的人开始往自己的球门前跑，准备防守。杰克非常兴奋，看了看表，对队友大声喊："时间不多了，现在是二比二，他们不会赢的！"

丹尼还没有碰到球。杰克不让他跑到前场，一点儿也不指望丹尼能射门得分。丹尼前面的两个女孩儿都跑到了前场。终于，球传到了丹尼脚下。

杰克对丹尼说："咱们还差一分，别搞砸

了。你把球传给别人。"

丹尼说："好吧。"他使足了力气，猛地一脚踢过去。只见球高高地飞了出去。球弹了一下，被阿曼达截住了。丹尼追了过去，刚跑到阿曼达跟前，凯西却对他喊："停下，停下！"

丹尼回头一看，阿曼达摔倒在地上，可能是被自己的大脚丫绊倒的。杰克和队友大喊："射门！射门！"让丹尼带球往前冲。

凯西也在叫："阿曼达,快起来！"

但是，阿曼达的表情非常痛苦，搂着膝盖，蜷在地上不能起来。

丹尼觉得自己

关心她胜过了赢得比赛。他举手要求暂停，把球踢出了界外。他跑到阿曼达身边时，阿曼达看了看他说："你应该继续踢，你错过了一个射门的最好机会。"

丹尼说："不要紧。让我看看你的脚！"他小心地扶着阿曼达站起来，走出球场。

丹尼不肯抛下受伤的阿曼达。于是比赛继续进行，时间只剩下两分钟。但是杰克的队伍因为刚才的暂停，节奏乱了，球被凯西的队伍截走了。

这时裁判吹哨，宣布比赛结束。凯西、杰克和其他的队员上来围住了阿曼达和丹尼。杰克拿着球懊恼地说："平局。我们本来能赢的。"

阿曼达望着丹尼，神色有些不安。

丹尼安慰她说："阿曼达，你知道我不在

乎杰克说什么。是我叫的暂停，我这么做不后悔。"凯西对丹尼说："丹尼，你是我认识的最棒的队员。来，我跟你一起把阿曼达送到医务室。"她对丹尼微笑，然后和他扶着一瘸一拐的阿曼达一起离开了球场。

自 尊 心

认可自己，尊重自己，为自己感到骄傲。

倒霉的一天（上）

丽莎一屁股坐到客厅的沙发上，长叹了一声："唉！"

爸爸问："怎么了？"

丽莎没好气地说："今天太倒霉了，遇上的都是坏事，没一件好事。"

"哦？"

丽莎把今天的事一五一十说给爸爸听。一大早等校车的时候没有带伞，淋了雨，浑身湿透；到了学校，有个男生嘲笑她的头发像麻绳一样，一缕一缕的；午饭吃的炸鱼条没有熟；数学课上，她在黑板上演算，做错了一道算式；最后，她把书包落在了学校。

她委屈地说："更糟糕的是，今天我就像一个小丑似的，只要我笑或者嚼东西，我的新牙套就会往下滑！"

爸爸轻轻把手搭在丽莎的肩膀上，说："啊！的确是倒霉的一天！"

丽莎依偎在爸爸怀里，闻着他毛衣的气味。毛茸茸的小狗巴尼也跳到丽莎的腿上。

丽莎把小狗抱在怀里，说："巴尼也觉得我很倒霉。"

爸爸说："好吧，丽莎，倒霉的事情都过去了，现在轮到开心的事情了。我做了你最爱吃的煎饼。"

丽莎一下坐直了："真的？"

爸爸说："我还做了你爱吃的饺子，牛肉馅的呢。"

爸爸又说："妈妈回家时还买了巧克力，我想她今天可能也过得不太好。"

　　丽莎笑了。妈妈总说，心情不好的时候，吃点儿巧克力就好了。

　　丽莎问："爸爸，我的头发真像一缕一缕的麻绳吗？我戴着牙箍的样子是不是特别难看？"

　　"才不是呢。你是最可爱的姑娘。"

　　丽莎说："爸爸，你老是不说真话。"不过，她心里好受多了。

　　爸爸拥抱了她一下，问她愿不愿意去厨房搭把手。

　　"爸爸，我可以先写今天的日记吗？"丽莎问，爸爸一边从沙发上站起来一边说："去写吧。待会儿过来吃晚饭。"他伸了个懒腰，拍了拍巴尼的头，进了厨房。

丽莎需要多一些自尊和自信。

想想你自己。你喜欢自己吗？你为自己做的事感到骄傲吗？更重要的是，你对自己感到骄傲吗？

如果回答是肯定的，那么你是个自尊心强的孩子。请你继续读下去，学习如何巩固这种要素，把它发扬光大。

如果回答是否定的，也请你继续读下去，学习如何获得这种能力。

你也可以用这些方法来帮助他人获得这种能力，比如你的家人、朋友、邻居和学校里的同学。

◀ 如何获得这种要素 ▶

在家里

别跟自己过不去

你是不是老和别人比来比去，自寻烦恼？论运动天分，你不如姐姐；论学习成绩，你不如哥哥；比穿衣打扮，你不如班里那个家境好的同学……你觉得自己一无是处，非常失败。盲目和别人比较只能让自己感觉失落。尽量避免和别人比较。记住，你是独一无二的，别人也可能在羡慕着你。请翻到第 7 页讲到的"改变内心的声音"，还有第 11 ~ 12 页的"四种提高控制力的方法"，试试里面讲到的方法吧。

互相鼓励

和大人聊一聊，问问他们是什么事让他们为你感到骄傲（不要觉得这样问不好意思，你没有故意要人夸奖你）。你只需要这样说："爸爸，我有没有做让你感到骄傲的事？"作为回应，你也要告诉他，他做的哪些事让你为他而骄傲。别忘了你的兄弟姐妹，多鼓

小提示： 在家里养成互相鼓励的习惯，这样你和你的家人都会感觉越来越好，越来越亲密。

励他们，对他们说："真棒！"

写 日 记

很多伟人都有写日记的习惯。他们会写下自己的思想、感受、灵感以及对周围世界的看法。为什么呢？难道他们知道有一天自己会出名，人人都想知道他们的成长经历和个人的想法？不是的。大多数伟人只是更加关注自己内

心的感受。他们通过写日记探索、记录自己的思想。你也可以这样做。通过写日记（或者通过画画的方式"写"日记），你能更加了解自己。这种"自我认知"能让你更加欣赏自己。而且最重要的是，过一段时间后你可以再看看自己的日记，回顾发生过的那些事情。到时候，你可能会觉得："哇，真不敢相信，我还遇上过这样的事！"或者"那天过得真棒！幸好我记下来了。"

小提示：有些人写日记怕让别人看到。如果你不想让别人看，你当然可以收好你的日记本，保留自己最宝贵的秘密。

写日记的几条建议

你可以围绕下面这些话题开始写日记，也可以按自己的想法来。要记住，你的日记只属于你，你愿意写什么都可以。

- 我是谁？
- 今天有什么趣事？
- 什么事让我开心？
- 我有哪些愿望？
- 我擅长什么？
- 我有什么地方与众不同？
- 我最在乎什么？
- 什么事让我烦恼？
- 都有谁喜欢我？
- 我想去哪个国家？
- 我最大的梦想是什么？
- 我觉得什么事最好笑？
- 有什么值得感谢的事？
- 谁是我的榜样？为什么？
- 今天看到的什么事让我觉得意外？
- 我有哪些优点和缺点？

遵循写日记规则

你可以用任何形式写日记：白纸、日记本、电脑上的电子文档等等。不过，你要遵守一条非常重要的写日记规则：写清楚日期！这样你才能了解到那是你何时的想法、感悟、目标以及对人、对事的态度，它们的变化绘制出了你成长的轨迹。

自尊心

增强自尊心的四要、四不要

不要	要
消极地和别人比较。	相信你是独一无二的，是独特的个体，有独特的才能。
总是想着讨别人喜欢。	努力让自己满意。
设立不可能实现的目标。	设立能实现的目标。
追求十全十美。	尽力而为。

保持整洁的七个方法

　　你想知道提高自尊心的小窍门吗？首先保持干净整洁。来看看怎么做吧。

　　1. 勤洗手：饭前、饭后、从外面回来、上完厕所、摸了宠物之后都要洗手。每次至少洗半分钟。

　　2. 常洗澡：每天早上或晚上冲个澡，时间随你的习惯而定。如果早上上学之前没有时间洗澡，也要洗个脸。

　　3. 使用止汗露：如果你常出汗或者有体臭，你可以让爸爸妈妈帮助你选购止汗露或者体香剂。不要觉得不好意思，这是很正常的。

4. 随身携带口香糖：如果你午饭吃了大蒜或韭菜，上课前又没时间刷牙，说话时可能会熏到别人。所以最好书包里常放口香糖。如果你的同学也吃了味道很冲的食物，你可以把口香糖分给他。

5. 使用牙线或牙签：如果饭后没有时间刷牙，你也可以用牙线或牙签清洁牙齿。可以让大人教你怎样使用。

6. 随身携带梳子：在书桌、书包或贮物柜里放一把梳子，有需要的时候你可以随时整理你的头发。

7. 随身携带润唇膏：嘴唇干了、开裂、觉得疼？随时带着润唇膏，涂一涂，嘴唇会很舒服的。

悄 悄 话

有些人可能不知道自尊心到底是什么。自尊心并不是说要以自我为中心，时时刻刻想着自己。自尊并不是叫你自己吹嘘自己、炫耀自己、狂妄自大，更不是让你去贬低别人，觉得高人一等。自尊心也不是虚荣心。自尊是内心感到强大，是认可自己的价值观、信念、技能，对自己的态度和行动感到满意。

你为什么需要自尊心？自尊心给你勇气，让你积极面对挑战。自尊心给你力量，让你避开不必要的危险，抵制同龄人的不良影响。因为自尊，你不会去做傻事。自尊心让你变得强大。不管遇到什么样的问题，你都能够坦然处理。自尊让你更有韧性，你能很快地从挫败和失望的阴影中走出来，重整旗鼓，继续出发。

寻根之旅

和家里大人谈谈你们家的"根"。你爸爸妈妈的祖籍是哪里？你的祖先是谁？你是不是少数民族？你的民族都有哪些传统习俗和故事？为自己的"根"而骄傲吧。

列一个"自豪清单"

在日记里或者一张白纸上写下哪些事情让你感到骄傲。比如："我的字写得好，我知道很多鸟类知识，我会修电脑，大家认为我很可靠，大家都说我做的饭菜味道好！"当你感觉不太好的时候，看看这个清单提高自信。

爱惜身体

多运动、坚持吃健康食品、保持睡眠充足，讲卫生（刷牙、洗头、洗澡、勤剪指甲）。保持在最佳状态，你的自尊心会大大增强哦！

在 学 校

不要攀比

在学校，很多孩子会感受到挫败，尤其是那些家境不太好的孩子。有的同学人缘特别好，有的是"学霸"，有的长得漂亮，有的穿着最流行的运动鞋。相比之下，你可能会感到自卑。不要老拿自己跟别人比，多听听你自己内心的声音吧。

不要拉帮结派

　　没有什么比拉帮结派更让人讨厌的了。小团体总是时时刻刻聚在一起，在背后议论别人，看不起别人，打击别人，就好像他们比谁都强似的。谁稀罕他们啊！去找接纳你、支持你的同学做朋友，远离小团体、小帮派。

远离校园恶霸

如果有人欺负、侮辱你，一定要告诉老师。被欺侮会影响你的自尊心，长此以往，你的心灵可能会受到伤害。所以，不要生活在校园恶霸的欺辱之下，一定要请老师或其他大人来帮助你。

小提示： 如果有人被欺负，你要站出来，或者找大人来帮助。不要保持沉默，也不要视而不见，因为下一个被欺负的人可能就是你。如果你阻止了这件事，你不但帮助了别人，也帮助了自己。

广交朋友

多交朋友有助于增强自尊心。当你与他人

有了联系，你对自己的感觉会变好。先迈出第一步，在学校交一个新朋友。在走廊上跟他打招呼，然后一起去操场上玩，或者跟他一起吃午饭。

在 社 区

尊重年纪比你小的孩子

多关注年纪比你小的孩子，和他们在一起玩的时候，告诉他们你喜欢他们的哪些方面。通常，大孩子都不屑于看小孩子一眼，这可能会伤害他们的自尊心。你也许有过类似的经历，能理解那种感觉。

给别人带来快乐

帮助别人会增强你的自尊心。当你让一张

忧郁的面孔重新露出笑容，感觉当然会很好。跟爸爸妈妈或者其他大人谈谈，有没有邻居需要你的帮助？你可以帮邻居遛狗，帮老人跑腿，陪小孩子读图画书等等。

和朋友在一起

鼓励你的朋友

如果朋友夸奖你，你会开心；如果朋友对你说话刻薄，你会难过。反过来，当你对朋友这样做的时候，你的朋友也会有这样的感受。记得要互相激励而不要相互打击。经常赞赏你的朋友。比如："你笑起来真好看""你真勇敢""你的作文写得真好""真厉害，你长跑比赛又是第一名"。

提高分辨能力

　　和朋友一起读一读你们喜欢的青少年杂志。读一读里面的文章和广告。这些杂志是试图教给你们知识，还是试图卖给你们东西？你是不是非得喝广告里说的那瓶苏打水才会神采飞扬？和朋友讨论一下广告的内容，提高自己的分辨能力。

给女生的悄悄话

我们在调查中发现，女孩儿的自尊心在九岁时达到最高峰，然后就开始慢慢下降。随着年龄的增长，她们会变得越来越不自信。大多数女孩子对自己的外貌不满意。很多女孩儿从十岁就开始节食，想让自己像影视明星和时装模特那么苗条。这种自尊心的缺乏导致女孩儿时常会情绪低落，饮食也不规律，不是吃不下饭，就是暴饮暴食。

如果你是一个女孩儿，你真的想成为一个影视明星吗？还是想实现你的人生目标？你真正需要的是什么？值得信赖的长辈、正面的榜样、人生目标、增强技能的机会、靠得住的朋友——这些才是你需要的东西，而不是幻想着一夜成名！

如果你觉得自己不够好、不够漂亮、不够完美，找能理解你的人聊一聊吧。朋友、家人、老师或是心理辅导员都非常愿意帮助你摆脱苦闷。

选一种前面讲过的方法,试一试,看看这样做的效果。为了树立起自己的自尊心,你要不要再试试另一种方法?

倒霉的一天（下）

　　丽莎靠在沙发上，日记本摊开着放在腿上。巴尼在她的脚下缩成一团。她读了两篇以前的日记：《值得感谢的事情》和《让我大笑的事情》。

　　她读到秋天在银杏树林里散步，和朋友丢沙包，和妈妈一起做家庭相册，她不禁面露微笑；她读到老师讲的笑话，自己第一次做饭，

巴尼把爸爸的臭袜子藏到狗窝里，她笑出了声。

她自言自语："生活其实也没那么糟。"她翻开日记本空白的一页，准备把今天复杂的感受写下来。

2018 年 5 月 28 日　　雨

今天真是倒霉的一天。忘了带伞被雨淋了，食堂里的炸鱼条腥味十足，作业落在学校了……我一笑，满嘴的金属牙套都露了出来。有时候，我觉得自己的样子很傻。可是我就是我——爸爸依然夸我是个可爱的姑娘，为我做好吃的。出生在这么有爱的家庭里，我真幸福。

还有，我有全世界最可爱的小狗！

丽莎合上日记本，站起身，喊道："爸爸，

倒霉的一天结束了！我来帮你包饺子吧!"

　　她向厨房走去。巴尼紧跟在后面，摇着小
尾巴。

52

价 值 感

会思考生活的意义、生命的价值，为未来定下目标。

鲜红的分数（上）

阿提离开教室时，腿直发软。老师刚刚公布了考试的成绩。这是他第一次不及格，而且是语文！语文一直是他的强项。可是不知怎么回事，最近三次语文考试，他都考得不好。

放学的时候，他背上沉甸甸的书包，心想：我在学校受欢迎是因为我的成绩好。可是现在我再也不是大家的好哥们儿了。没有女生再愿意跟我说话。他把书包甩在肩膀上，手里紧紧

攥着卷子，又想：可是，从前我的语文一直都很好。从前……可是现在……

他到校车站的时候，一阵大风把他的头发吹乱了。他推了推眼镜。乌云压过来，大滴大滴的雨开始落在地上。阿提赶紧上了校车，找了个座位坐下。

他现在并不在乎外面的雨，因为他的心里也在下雨。他对自己说："除了体育之外，我最擅长的就是语文，我简直就是为语文而生的。"他把试卷叠起来，塞进裤兜。

雨猛烈地敲打着校车的玻璃。有人喊："快看啊！"阿提看到窗外的树枝被风吹得低低的，快要倒下了。他很惊讶，在春天怎么会有这么大的风？

他到站了。这时雨也停了。这雨下得突然，

停得也突然。阿提下了车，朝他家的房子走去。他看见妈妈正站在门口，不禁心里一沉。

妈妈打开门，冲他招手道："你真幸运，没淋到雨。"

阿提说："没什么幸运的。"他从口袋里掏出了皱皱巴巴的试卷，泪水在他的眼眶里打转。

妈妈看了看卷子上鲜红的分数说："噢，不

对呀！阿提，你不是一直很擅长语文学习吗？"

"我知道，我知道。妈妈，现在我不想说话。我出去一下，过会儿回来好吗？"阿提转身出了家门，他们这条街的尽头是一个公园，平常阿提很喜欢去那里散步。

阿提在考试中受了挫，他觉得他的生活毫无价值。

现在你想想自己吧。你想过你来到这个世界是有原因的吗？你想过在你的一生中，你一定要完成什么事吗？你

你知道吗？>>>

有价值感的孩子

· 较少冒险，较少做危险的事

· 较少攻击性，较少有暴力行为

· 认为自己能够把握自己的生活

有没有思考过生命的意义？

如果回答是肯定的，那么你是一个有价值感的人。请你继续读下去，学习如何巩固这种要素，把它发扬光大。

如果回答是否定的，也请你继续读下去，学习如何获得这种能力。

你也可以用这些方法来帮助他人获得这种能力，比如你的家人、朋友、邻居和学校里的同学。

◀ 如何获得这种要素 ▶

在 家 里

思考你的人生目标

花点儿时间写出这几个问题的答案——"我是谁？我为什么会来到这个世界？我的人

生目标是什么？"你以前想过这样的问题吗？
或许你时时会想起这些问题，但是，现在你要
认真地想一想。你现在最想实现的是什么？长
大之后呢？你有改变世界的梦想吗？如果有的
话，怎样改变？

> **小提示：**你的人生目标不一定非得是："等我
> 长大，我要……"你也可以从现在就开始实现你的人
> 生目标。从今天就开始定下你现阶段的人生目标吧！

悄 悄 话

你有时候会不会有这样的想法：我一无是处，我很失败，我不该来到这个世界上……你可以找爸爸妈妈、老师或是其他愿意听你诉说的大人谈一谈。别拖太久，别让这样的想法控制你的心灵，现在就去找人谈谈吧。

寻找你的激情

我们所说的激情是一种受到鼓舞的感觉，它激励着你去做你喜欢的事。你的激情在哪里？钻研科学、研究数学、阅读、画画、做志愿者、打架子鼓、学一门语言、集邮、跳舞、滑滑板？不论你的激情是什么，找机会去做，

尽量做好！这样，你会树立起自己的价值感，
对人生的无限可能充满期待。

> **小提示：**问问家人，他们的激情在哪方面？
> 你也可以跟爸爸妈妈、爷爷奶奶或者其他亲人谈
> 谈你的激情所在。

畅想未来

选一种你喜欢做的事，想一想你将来将如何把这件事做到最好。比如：我爱看书，也许有一天，我自己写一本。我喜欢跑步，也许有一天，我会参加马拉松……甚至参加奥运会！我爱画楼和画房子，有一天，我会成为建筑师。你知道吗？其实你已经在为自己设定目标了。再想一想，你怎样实现你的目标？第一步应当怎样开始？

换个家庭话题

你平时和家人都聊些什么？你们可能无话不谈，从学校的事情，到喜欢什么样的牙膏，再到厕所的卫生纸用完了……家庭生活就是会充满各种琐碎的话题。但是，你们也可以聊些

更远大的话题。跟家人谈谈人生目标。他们认为自己的人生目标是什么？你的又是什么？他们对自己的国家抱有什么样的期望？

尊重地球上的生命

我们的地球真是个神奇的地方。你有没有想过我们的地球有多大？有多少人住在地球上？地球上有多少哺乳动物、爬行动物、昆虫、花草树木？找个地球仪，研究一下你喜欢的动物或植物都在

哪里。地球上有无

数生命，每一个生

命都值得我们去尊

重、珍惜。

合理利用时间

你可能是个大忙人，但是你有没有想过，平时你都在忙些什么呢？如果你总是忙着看电视、玩游戏、玩手机，那就是无意义的忙碌。多花些时间看书、思索、学习、培养个人爱好、追求梦想吧，你会感觉更加充实。

寻找榜样

对大多数人来说，成功不会在某一天从天而降，你也不会突然有一天摇身一变，成为名作家或众星捧月的歌手。实现梦想需要经历千辛万苦，需要付出莫大的勇气。你可以读一读名人传记或他们的自传。读了之后你就会知道，他们曾经走了多少弯路，克服了多少阻碍。谈一谈自己受到的启发。或者搜集一些对世界有贡献的人物的故事和报道，剪下来做成剪报或者抄在笔记本里。你认为他们身上有什么激励到你的地方？可以写在日记里。

马丁·路德·金

在学校

出一期黑板报

　　跟老师提议，在班里出一期以"价值感"为主题的黑板报或手抄报。可以用图画和文字介绍对世界有贡献的伟人。可以到图书馆找相关的图书和杂志。

弄清楚学习的意义

你可能认为学习数学一点儿用都没有，或者读书简直就是浪费时间。学历史也没什么用，除非你长人要当历史老师。事实上，谋生需要多种技能，而且有了丰富的知识，生活也会更有趣。如果实在不明白为什么要学某门功课，去跟老师谈一谈你的困惑。

从小关心公益事业

有一天，九岁的迈克尔·福克斯放学回家，路过一家动物医院的后院。他透过后院的栅栏看到一个大垃圾箱，里边堆满了小猫

和小狗的尸体。他不知道那些小动物为什么会死去，但是他看到的景象改变了他的一生。他当即立下志向，这一辈子都要用来帮助动物、保护动物。后来，迈克尔·福克斯成了著名的兽医、动物保护活动家、作家。他写了四十多本书，数千篇文章。

安·贝力斯九岁时看了一部电影，片名是《雾都孤儿》，是由狄更斯的同名小说改编的。她那时就立志长大后要收养孤儿。她十九岁就开始收养孤儿，当上了妈妈。现在她和她的丈夫吉姆·什科克已经收养过五十三个来自世界各地的孩子。

安和迈克尔有什么共同之处？你猜对了。他们都是在很小的时候决定致力于公益事业，拥有了价值感。所以，如果有人说你太小，不需要关注公益事业，不要信以为真。

了解邻居的人生目标

你可以向邻居提出这样的问题：你喜欢做什么？你有爱好和目标吗？你什么时候发现自己喜欢这个？那时你多大？对还没有发现自己的爱好的人，你有什么建议？

小提示：

关于人生目标，你不仅可以询问成人，也可以询问同龄人。别忘了，很多名人在还是孩子的时候就有了人生目标。

和朋友在一起

和朋友讨论人生目标

和朋友聚会或出去玩的时候，你可以问

67

他们："如果这辈子你只能做一件事，这件事是什么？"或者："你为什么来到这个世界上？你有什么希望和梦想？你希望自己做的哪些事被人记住？"尽量认真思考这些问题。谁知道呢，也许某个朋友会因此发现自己的人生目标！

开始添加！

选一种前面讲过的方法，试一试，看看这样做的效果。为了增加自己的价值感，追求自己的人生目标，你愿意再试试其他方法吗？

鲜红的分数（下）

雨后的空气清新怡人，湿润润的，泥土在阿提的脚下嘎吱响。暴风雨过后，枝折花落，阿提依靠在一棵小树上，心不在焉地用脚跟一下一下踢着树干。

他没料到考试的分数会让自己这么难过。他回想自己喜欢的发明家爱迪生的故事，以此获得些许安慰。爱迪生的老师说他笨得不可救药，差点儿不让他继续念书。

阿提瞥见地上有个东西在动。他俯身仔细察看，原来是一只小鸟在湿湿的草丛里跳来跳去。阿提近一步观察，发现这只小鸟的翅膀毛茸茸的，尾巴很小，眼睛大大的，所以这是一只雏鸟。换句话说，这不是一只开始学飞的小

鸟，而是刚刚破壳
而出的鸟宝宝。如
果放任它这样离开
鸟巢独自生存，它
会死掉。

阿提轻轻说："鸟儿，你快回窝里去吧！"
小鸟无力地蹦了蹦。

阿提决定搭救这只小鸟，可是怎么救呢？

这时，阿提看到妈妈踏着落了一地的树枝
走来。阿提指着地上的小鸟，示意妈妈别踩到
它。妈妈看到了小鸟，表情又是惊奇又是怜惜。

妈妈说："它的窝一定就在附近。"

阿提指着头顶上一条低矮的树枝上的鸟窝
说："风把这个小东西从窝里刮出来了，不过
它好像没有伤着。"

价值感

妈妈看了看鸟窝说："可怜的小东西。我们现在该怎么办？"

"妈妈，我肯定能爬上这棵树，其实它并不高。放心吧，我打小就在这个公园里爬树。"

妈妈笑了，眨了眨眼睛，说："你一定行，你一向都很有主意。"

阿提对她咧嘴笑了。他完全忘记了考试的事，以及对自己的失望。"妈妈，帮我找一个鞋盒，我先把小鸟装进去，再带它爬到树上。它现在全靠我们了。"

妈妈同意了，回家去找鞋盒。不一会儿，她就回来了，拿着阿提运动鞋的鞋盒。阿提注意到了妈妈的表情有点儿特别。

"妈妈，你为什么这样看着我？"

妈妈一字一顿地说："阿提，考试不止是

在考场里，这也是一场考试，你明白吗？"她望着阿提，希望他能明白。

"哦，我只不过在帮一只掉出来的小鸟回家罢了。"阿提一边说一边轻轻地把小鸟捧起来，放进鞋盒里。

妈妈却说："你做的远远不止这些。"

阿提端详着小鸟：小爪子、宽嘴巴、身上深浅不一的羽毛。小鸟跌跌撞撞地在鞋盒里走着。他说："妈妈，

我明白了。一切都会好起来的。" 他不知道
最后这句话是对小鸟说的、对妈妈说的，还是
对自己说的。开始爬树的时候他突然觉得，没
什么事是他做不到的。

正能量

对自己的现在和未来充满希望。

腰间的沉重（上）

"妈妈，别这样看着我。"珍妮一边避开妈妈的目光，一边往胳膊上涂着防晒霜。

"唉，珍妮，你为什么要退出舞蹈队呢？我们都知道你多么爱跳舞。"

"可是，妈妈，我现在是个糖尿病人呀！我现在连舞蹈服都穿不了。"她又往脸上抹了防晒霜，穿上旱冰鞋。她假装没看到妈妈的凝

视，头也不回地说："妈妈，我出去溜一会儿旱冰，回头见！"可是，她一路滑出院子，一直能感到妈妈的注视。

烈日晒着珍妮的脸，热辣辣的。珍妮一个劲向前滑，想忘掉自己的烦恼。她自问：我是不是不应该退出舞蹈队呢？她摇了摇头，把这些疑惑赶出脑海。

虽然珍妮有糖尿病，但是大家（包括她自己）都相信她能照顾好自己。珍妮要一直随身带着胰岛素泵。这样一来，她的生活方便多了，不用总去医院查血糖、注射胰岛素，她理应高兴才是。可是，她却仍然感到悲伤和失望。

滑了一阵旱冰后，珍妮回家去喝水。一进厨房，弟弟伊恩就过来问她："听说你要退出舞蹈队？"伊恩双手抱在胸前，严肃地望着她。

珍妮一边拿杯子一边说："少管闲事，我是你姐姐！"

伊恩不理会她这一套，继续问："你参加舞蹈队很久了，而且队里数你跳得最好，你为什么要退出呢？"

珍妮喝了一大口水，放下杯子，指着腰上的

胰岛素泵给他看。它像个小小的呼叫器，一根带针头的透明的导管，插进她的腹部。

她说："原因就在这里。"

伊恩问："这玩意跳舞的时候会掉出来吗？会弄疼你吗？"

"不会。"

"那为什么……"

珍妮扭过头，打断他说："这是女生的事，你不懂。"

伊恩说："我懂。"

珍妮叫道："你不懂！没有人能懂！"说完，她冲进自己的房间，"砰"地一下关上了门。她感到腰间挂着胰岛素泵的地方沉甸甸的，心里有些刺痛。

珍妮需要更多的正能量。

现在，想想你自己的生活。你对前途充满期待吗？你有没有梦想？你对每一天是不是都充满期待？

如果回答是肯定的，那么你的正能量满满。请你继续读下去，学习如何巩固这种要素，把它发扬光大。

如果回答是否定的，也请你继续读下去，学习如何获得这种能力。

你也可以用这些方法来帮助他人获得这种能力，比如你的家人、朋友、邻居

你知道吗？>>>

有正能量的孩子

· 更乐观向上

· 更有安全感，不易焦虑

· 更容易相处

和学校里的同学。

◀ 如何获得这种要素 ▶

在 家 里

采访未来的自己

　　假如你是个记者，你要去采访将来的自己。
那个人会以什么为职业？诗人？政治家？警
察？演员？你可以自己决定哦。你可以问：你

80

为什么选择了这一行？你成功的秘诀是什么？你最有成就感的一件事是什么？然后，把你的故事写出来，好像是为杂志写文章一样。你甚至可以想象自己十年、十五年之后的样子，别忘了把未来的你的模样画下来，贴在故事旁边哦。

重视自我暗示

翻到"控制力"这一章，重读第 7 页"改变内心的声音"这一段。实际上，你对自己的看法是最重要的。无论周围的人怎么看你，如果你总是认为自己很失败，什么事也做不好，你就会失去信心和动力。

计划自己的未来

和父母谈谈你的未来。假如你梦想成为飞行员或者插画师，你打算怎样实现？你需要完成哪些步骤？高中毕业后，你想进什么样的大学？你应当朝哪个方向努力？谁能帮助你实现

理想？也许你的年纪还小，你不着急去把这些问题弄清楚，但是越早做准备，你对未来的规划就越清晰。不妨现在就想一想吧。

进行职业规划

当你为自己的未来规划时，你可以跟爸爸或妈妈一起坐在电脑前，根据兴趣搜索一下你所感兴趣的大学相关的专业介绍，看看每个专业都有什么课程，学生毕业之后都从事什么样的工作。你还可以看看招聘网站。招聘网站上都有哪些行业？都有哪些职业？每个职业都有什么要求？薪酬怎样？你喜欢哪一行、哪些职业？你还可以了解怎样写简历，怎样准备面试。如果你以前没有接触过这些，你可能会受到很大的启发。

正能量

形容未来的你

用一句话形容一下你将来想成为的样子。你可以把这句话写在日记里，也可以写在纸条上，放在钱包、书包或笔记本里。每个月看一下你所写下的句子，看看你是不是离愿望更近了。你也可以适当地改动这句话，但不要反复修改。

搜集名言警句

阅读的时候或者看新闻的时候看到打动自己的话，就把它抄下来——把它们记在日记本或笔记本上。把你最喜欢的一句抄下来，贴在墙上，让你随时可以看到。

值得收藏的名言警句

行百里者半九十。

—— 《战国策》

真正的才智是刚毅的志向。

—— 拿破仑

我们都生活在阴沟里，但其中依然有人在仰望星空。

—— 王尔德

除了通过黑夜的道路，人们不能到达黎明。

—— 纪伯伦

培养幽默感

俗话说："笑一笑，十年少"。实际上，科学研究发现，爱笑的人确实会更快乐，身体也更加健康。培养幽默感的方法有很多，比如

学会讲笑话，兄弟姐妹之间开开玩笑，看搞笑的电影和电视。写个单口相声，练习表演，等练得熟练了，给家人或朋友演。把自己的表演录下来，想笑的时候拿出来看。

悄 悄 话

　　也许你正在面临着很大的困难。你也许有健康问题，也许身体有残疾，也许你的家庭不和……在这种情况下，你是不是饱受负能量折磨，振作不起来？但正因为如此，你才更有理由使自己积极起来，为自己感到自豪。当你遇到困难时，有没有和爸爸、妈妈、老师、辅导员谈谈心？你有没有想加入遇到类似问题的孩子的互助小组？你可以与自己一样大的、经历同样事情的孩子谈谈，他们会理解你的处境，这可能会对你有帮助。

在 学 校

请教老师

如果你在学习上遇到困难了，或者感到自己在学校荒废时间，去找老师聊一聊吧。告诉他们你很想好好学习，可是却一筹莫展，不知怎样努力。请老师帮助你。

对上学充满期待

每天上学前，想一想你最喜欢在学校做什么。比如，你最喜欢中午在食堂跟好友一起吃饭、解出一道数学难题、和乐队一起排练、听幽默风趣的地理老师的课……还有其他让你期待的事吗？

乐于助人

你可以参加学校里的志愿活动或助人为乐小组。当你帮助他人时，你会更积极，对前途充满希望。因为你能尽一份力量，你正在做出改变。

在社区

分享成长经历

你可以帮助年纪小的孩子展望未来。告诉他们你在他们这么大的时候都做过什么有趣的事情，告诉他们长大是一件多么令人充满期待的事情。也许他们现在认得的字很少、背不出乘法口诀、不会自己系鞋带、踢球踢不了很远，而且正在为这些事苦恼。你可以帮助他们树立自信，告诉他们等他们长大的时候，他们也能把这些事做好。

和朋友在一起

互相鼓励

和朋友谈一谈你们的未来、你们的理想。你们可以互相问对方：长大后你想做什么？为什么？你想住在哪里？你想改变世界吗？你最大的心愿是什么？你觉得十年以后我们还是朋友吗？二十年以后呢？等我们老了以后呢？

开始添加!

　　至少选一种你在前面读到的方法,试一试,回想一下都发生了什么,或者写下来。为了让自己充满正能量,你要不要再试试其他的办法?

腰间的沉重（下）

珍妮还闷在自己的房间里。

妈妈敲了敲珍妮的门，说："珍妮，你的电话，是玛西给你打的。"

玛西也是舞蹈队的，她和珍妮在一起跳了好几年了。

珍妮去接电话。

"嗨，玛西。"

玛西连招呼都没打，直接说："你不能退出舞蹈队，我们需要你！"

　　珍妮问道："你怎么知道我要退出的？"

　　"伊恩刚才打电话告诉我的。"

　　珍妮有点儿吃惊，说："什么？伊恩给你打电话了？听着，玛西，我可不想一边戴着胰岛素泵，一边穿着紧身衣跳舞，衣服会鼓出来的，评委都会问那是什么玩意儿。我觉得很难堪，没法儿跳下去。"

　　"这不是理由，珍妮。那我呢？我的个子比舞蹈队里所有的人都高出一大截，你觉得我会难堪吗？"

　　她们又聊了一会儿，珍妮答应重新考虑一下。她刚刚放下电话，电话又响了起来。是赛拉和丹尼，他们都是舞蹈队的队友，原来伊恩也给他们打了电话。

他们在电话里对珍妮说："这个周末选拔赛就开始了，你最好来参加排练。不然，我们就去找你，把你拖出大门，拖到大街上，拖到排练的地方。"

珍妮想到他们在大街上拖着她走的样子，不禁笑了起来。可是她还是犹疑不定。

接着，一个又一个电话打进来，都是珍妮的队友。他们说："珍妮，谁会注意一个小小的胰岛素泵？这有什么大不了的？"每个人都说，要是珍妮退出，他们会很想她的。娜娜甚至说："平时都是你经常鼓励大家，真奇怪，现在完全倒过来了！"

接完所有电话之后，珍妮无力地跌坐在床上，开始发呆。她没有想到队友们这么在乎她，也没想到伊恩这么关心这件事。她觉得，要让一个十岁的小男孩儿打电话给一群他几乎不认识的大姐姐、大哥哥，是需要一定的勇气的。

珍妮站起来，去了厨房，妈妈和伊恩正在那儿做柠檬水。他们冲着珍妮微笑，珍妮冲着他们微笑。

珍妮说："伊恩，谢谢你。"

伊恩不好意思地说："妈妈也帮了不少忙，是她给了我你队友们的电话号码。"

珍妮对妈妈和伊恩说："谢谢你们。我决定不退出舞蹈队了，继续跳下去。"

妈妈亲了珍妮，对她说："亲爱的，我们永远支持你。"

写给大人的话

美国一家非营利组织"探索研究院"做了一项广泛深入的调查。调查结果表明，所有健康成长的孩子都具备所谓的"成长要素"。"成长要素"有以下几类：支持要素、环境赋予能力要素、边界与期望要素、合理利用时间要素、学习承诺要素、价值观要素、社会能力要素、积极的自我认识要素。

本书以及其他七本，构成《成长的要素》系列丛书，帮助少年儿童自觉地在生活中学习、培养这些帮助他们健康成长的要素。但是我们应当明白，培养这些要素需要我们大人的帮助和配合。在生活中，孩子最需要的是父母、家人、老师以及关心爱护他们的人。好好听孩子说话；记住他们的名字；了解他们的生活；为孩子们提供发挥潜能的机会；在他们摔倒时伸出援手；提供保护，使他们免受伤害。这些都是孩子们需要的。

基于"探索研究院"的研究结果，本套书将孩子健康成长所需要的三十九种成长要素分两大类，即外在的要素和内在的要素。外在要素指的是外界对孩子的认可和支持、环境赋予孩子积极行动的能力及规章制度等等。内在的要素是指价值观、自我认知、自我管理技巧等，这是孩子们内在的能力。这些能力的培养还要得到家长的帮助。

本书讲的四种要素属于内在要素，统称为积极的自我认识要素。孩子的自我认知会深受家人的影响。对于孩子的成败、对错，我们应当如何做出合理的评判？无数的案例证明，如果我们给予孩子爱，孩子就会更爱自己和他人；

如果我们总是习惯否定他们的行为和想法，孩子也会自我否定，变得自卑、懦弱和盲从。所以，孩子渴望成人的关注，期望得到成人的信赖。培养积极的自我认识，家长的支持和帮助很关键，因为孩子就像是家长的一面镜子。孩子有了积极的自我认识，才能变得独立和自信，无惧未来。

书后的附录中列出了这三十九种成长要素，并有简单的介绍。

感谢您这样的有心人，使本书能够到达孩子或与他们有关的成年人手中。我们期待着孩子们能更加顺利地成长，并且欢迎您提出建议，帮助修订本书，使它更丰富、更适于应用。

帕米拉·埃斯普兰德

伊丽莎白·弗迪克

促进八至十二岁儿童身心健康发展的三十九种要素（即成长的要素）

外在要素

支持要素

1. 家庭支持 —— 在家中，家人支持你、爱你。

2. 积极的家庭交流 —— 你能和父母轻松愉悦地交谈，会自然而然地征求他们的意见。

3. 与其他成年人的支持 —— 家长以外的成年人会帮助你、支持你。

4. 邻里关怀 —— 你的邻居认识你、关心你。

5. 校园关爱 —— 在学校，你与老师、同学相处融洽，常常彼此关心，彼此鼓励。

6. 家长参与学校活动 —— 父母积极参与学校活动，帮助你取得好成绩。

环境赋予能力要素

7. 受到重视 —— 身边的大人愿意重视你，倾听你，赞赏你。

8. 参与决策 —— 无论是在家里还是在其他场合，你都能参与决策，发表意见。

9. 服务他人 —— 家庭、校园、社区为你提供帮助身边的人的机会。

10. 安全意识 —— 在家庭、校园、社区中，你有安全感，会注意个人安全，并求助大人维持这些地方的安全。

边界与期望要素

11. 家庭边界 —— 家里有明确且固定的规定，如果你违反了规定，就要承担一定的后果。

12. 学校边界 —— 学校有明确的规定，如果你违反规定就会受到相应的惩罚。

13. 邻里边界 —— 你的邻居会关照社区里的

孩子。

14. 成人榜样——你的父母和你认识的其他成年人做事积极、负责任，为你树立了很好的榜样。

15. 同龄人的积极影响——你的好朋友做事积极、负责任，对你产生了正面影响。

16. 高期望——父母和老师希望你在学校和其他活动中表现出自己最好的一面。

合理利用时间要素

17. 培养爱好——参加美术、音乐、戏剧或文学创作等活动。

18. 参加课外活动——参加校内或校外专为少年儿童组织的课外活动。

19. 安排家庭时间——每天留出一段时间与家人一起做一些有趣的事情，而不是独自看电视、玩电脑。

内在要素

学习承诺要素

20. 成就动机——希望在学校里取得好成绩，并为此努力学习。

21. 学习投入——不论在校内还是校外，你都乐于了解新的事物，主动学习。

22. 完成作业——能按时、独立完成作业。

23. 关心学校——关心学校的老师和其他成年人，和他们关系密切。

24. 喜欢阅读——喜欢看书，几乎每天都看，并从中获得乐趣。

价值观要素

25. 关心他人——经常关心、问候他人，主动为他人提供帮助。

26. 追求平等——提倡人人平等，不欺凌弱小。

27. 坚守信念 —— 拥有自己的准则并坚持到底。

28. 诚实守信 —— 说真话，不说谎，言行一致。

29. 有责任感 —— 对自己的行为负责，不找借口，不推卸责任。

30. 有健康意识 —— 讲卫生、爱整洁、经常锻炼身体，养成健康的生活习惯。

社会能力要素

31. 计划与决策的能力 —— 能认真思考做出选择，懂得事先制订计划，对自己的决定感到满意。

32. 人际交往能力 —— 喜欢交友，能关心他人和他们的感受；在烦恼和生气的时候，能让自己平静下来。

33. 认同多元文化的能力 —— 理解不同民族、不同文化背景的人，能与他们和谐相处。认同自己的文化，并为之自豪。

34. 拒绝的能力——远离可能带来麻烦的人，拒绝做危险或错误的事。

35. 和平解决冲突的能力——不使用尖刻的话语和武力，和平解决冲突。

积极的自我认识要素

36. 控制力——有一定能力去控制生活中发生的事情。

37. 自尊心——认可自己，尊重自己，为自己感到骄傲。

38. 价值感——会思考生活的意义、生命的价值，为未来定下目标。

39. 正能量——对自己的现在和未来充满希望。

成长的要素培养计划

　　读完本书，请认真想一想，你要怎样在生活中培养这些要素呢？写下你的计划吧！

《成长的要素》丛书简介

关心你的人

帮助孩子们建立起六种支持要素：家庭支持、积极的家庭交流、与其他成年人的支持、邻里关怀、校园关爱、家长参与学校活动。

积极行动　勿忘安全

帮助孩子们建立起四种环境赋予能力要素：受到重视、参与决策、服务他人、安全意识。

不跨边界　追求卓越

帮助孩子们建立起六种边界与期望要素：家庭边界、学校边界、邻里边界、成人榜样、同龄人的积极影响、高期望。

善用时间

帮助孩子们建立起三种合理利用时间要素：培养爱好、参加课外活动、安排家庭时间。

爱学习　会学习

　　帮助孩子们建立起五种学习承诺要素：成就动机、学习投入、完成作业、关心学校、喜欢阅读。

明辨是非

　　帮助孩子们建立起六种价值观要素：关心他人、追求平等、坚守信念、诚实守信、有责任感、有健康意识。

做对选择　交对朋友

　　帮助孩子们建立起五种社会能力要素：计划与决策的能力、人际交往能力、认同多元文化的能力、拒绝的能力、和平解决冲突的能力。

为自己而骄傲

　　帮助孩子们建立起四种积极的自我认识要素：控制力、自尊心、价值感、正能量。

图书在版编目（CIP）数据

为自己而骄傲／（美）帕米拉·埃斯普兰德，（美）伊丽莎白·弗迪克
著；汪小英译. — 石家庄：河北少年儿童出版社，2018.10
（成长的要素）
ISBN 978-7-5595-1749-4

Ⅰ. ①为… Ⅱ. ①帕… ②伊… ③汪… Ⅲ. ①品德教育—少儿读物
Ⅳ. ① D432.62

中国版本图书馆 CIP 数据核字（2018）第 209521 号

Copyright © 2006 by Pamela Esplend, Elizabeth Verdick, Search Institue
and Free Spirit Publishing
Original edition published in 2006 by Free Spirit Publishing Inc.,
Minneapolis, Minnesota, U.S.A., http://www.freespirit.com
under the title: Proud to Be You
All rights reserved under International and Pan-American Copyright Conventions.

著作权合同登记号　冀图登字：03-2017-034

成长的要素

为自己而骄傲
WEI ZIJI ER JIAOAO

[美] 帕米拉·埃斯普兰德　[美] 伊丽莎白·弗迪克　著　汪小英　译

策　　划	段建军　李雪峰　赵玲玲		版权引进	梁　容
责任编辑	李　璇		特约编辑	梁　容
美术编辑	牛亚卓		装帧设计	杨　元

出　　版	河北出版传媒集团　河北少年儿童出版社
	（石家庄市中华南大街 172 号　邮政编码：050051）
发　　行	全国新华书店
印　　刷	北京启航东方印刷有限公司
开　　本	787mm×1092mm　1/32
印　　张	4
版　　次	2018 年 10 月第 1 版
印　　次	2018 年 10 月第 1 次印刷
书　　号	ISBN 978-7-5595-1749-4
定　　价	20.00 元